Sommaire

Explications jeu n°1
Les compositions

Qu'est-ce qu'un schéma tactique ?

La tactique, en football, décrit comment les joueurs d'une équipe se positionnent sur le terrain et opèrent entre eux. La disposition des joueurs va être importante pour mener à bien la stratégie mise en place par l'entraîneur qui va donner les consignes depuis le banc de touche.

Comment reconnaître le positionnement des joueurs ?

Tous les joueurs ne peuvent pas courir vers le ballon car un seul joueur peut avoir la maîtrise de la balle. Les joueurs doivent donc se répartir sur le terrain de manière à pouvoir faire des passes, tout en défendant leur camp en cas de perte de balle. Certains joueurs sont plus aptes à aller marquer des buts, ou, au contraire, montrent une grande efficacité de récupération de balle. On affecte donc ces joueurs en fonction de leurs capacités :

- Offensives, près du but adverse : ce sont les avants (ou attaquants),
- Défensives, à proximité de leur propre but, de manière à en empêcher l'accès aux attaquants adverses : ce sont les arrières (ou défenseurs).

Un joueur ne pouvant pas multiplier les courses pendant 90 minutes, la liaison entre les lignes d'attaque et de défense est assurée par les joueurs se trouvant au centre : ce sont les milieux de terrain.

Exemple de schéma tactique en 5 –4 – 1

Ligne d'attaque
1 avant centre
1

4
Milieu de terrain
2 milieux centraux
1 milieu gauche
1 milieu droit

Ligne de défense
2 arrières latéraux
3 défenseurs centraux
5

Cages
1 gardien

Comment reconnaître la stratégie adoptée par l'entraîneur ?

L'entraîneur adopte, en fonction de son schéma tactique, une stratégie parmi les 3 suivantes :

1. **Défensive** : une majorité de joueurs sont près du gardien de but pour défendre en cas d'attaque adverse ;
2. **Offensive** : il y a une majorité de joueurs dans la partie adverse du terrain ;
3. **Équilibré** : la répartition entre les joueurs est quasi parfaite entre attaque, milieu et défense. Elle peut aussi être très concentrée au niveau du milieu de terrain.

Jeu n° 1

Les compositions

Schéma tactique n° 1

Ce schéma s'appelle le ____________

C'est une stratégie plutôt

Offensive ☐ Équilibrée ☐ Défensive ☐

Nomme les postes des joueurs

1 ____________ 5 ____________
2 ____________ 6 ____________
3 ____________ 7 ____________
4 ____________

Indice : C'est l'une des combinaisons de jeux les plus utilisées dans le football actuel. Il y a une variation dite "losange" avec un milieu offensif et un milieu défensif accompagnés des 2 latéraux.

Schéma tactique n° 2

Ce schéma s'appelle le ____________

C'est une stratégie plutôt

Offensive ☐ Équilibrée ☐ Défensive ☐

Nomme les postes des joueurs

1 ____________ 5 ____________
2 ____________ 6 ____________
3 ____________ 7 ____________
4 ____________

Indice : Parfois appelée Catenaccio, elle est généralement développée durant le cours du match par des équipes ayant déjà marqué suffisamment de buts ou voulant à tout prix éviter la défaite !

Schéma tactique n° 3

Ce schéma s'appelle le ____________

C'est une stratégie plutôt

Offensive ☐ Équilibrée ☐ Défensive ☐

Nomme les postes des joueurs

1	6
2	7
3	8
4	9
5	10

Indice : Cette composition permit au FC Barcelone de remporter une Ligue des champions lors de la saison 2008-2009 ainsi que la coupe du Roi.

Schéma tactique n° 4

Ce schéma s'appelle le ____________

C'est une stratégie plutôt

Offensive ☐ Équilibrée ☐ Défensive ☐

Nomme les postes des joueurs

1	5
2	6
3	7
4	

Indice : Cette formation à vocation défensive se base normalement sur trois arrières centraux. C'est une configuration très populaire dans le football sud-américain.

Schéma tactique n° 5

Ce schéma s'appelle le ______

C'est une stratégie plutôt

Offensive ☐ Équilibrée ☐ Défensive ☐

Nomme les postes des joueurs

1 ______
2 ______
3 ______
4 ______
5 ______
6 ______
7 ______

Indice : Cette formation à vocation défensive se base normalement sur trois arrières centraux, dont l'un des joueurs peut prendre le rôle de libéro

Schéma tactique n° 6

Ce schéma s'appelle le ______

C'est une stratégie plutôt

Offensive ☐ Équilibrée ☐ Défensive ☐

Nomme les postes des joueurs

1 ______
2 ______
3 ______
4 ______
5 ______
6 ______
7 ______
8 ______
9 ______

Indice : C'est une configuration comprenant 5 joueurs au milieu du terrain

Correction jeu n°1
Les compositions

Composition n° 1

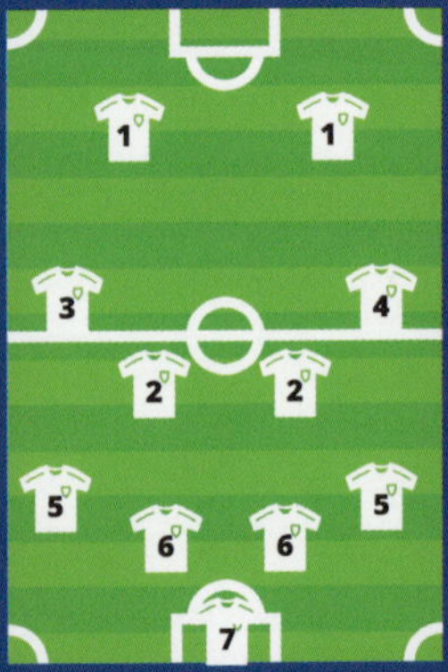

1 points :
Cette composition s'appelle le 4 4 2

1 point :
C'est une composition plutôt
Offensive ☑ Équilibrée ☐ Défensive ☐

7 points :
Nomme les postes des joueurs
1 : Avant centre - 2 : Milieu central - 3 : Milieu gauche - 4 : Milieu droit - 5 : Arrière latéral - 6 : Défenseur central - 7 : Gardien

Ton score : ☐ /9

Composition n° 2

1 points :
Cette composition s'appelle le 5 4 1

1 point :
C'est une composition plutôt
Offensive ☐ Équilibrée ☐ Défensive ☑

7 points :
Nomme les postes des joueurs
1 : Avant centre - 2 : Milieu central - 3 : Milieu gauche - 4 : Milieu droit - 5 : Arrière latéral - 6 : Défenseur central - 7 : Gardien

Ton score : ☐ /9

Composition n° 3

1 points :
Cette composition s'appelle le 4 3 3

1 point :
C'est une composition plutôt
Offensive ☐ Équilibrée ☑ Défensive ☐

10 points :
Nomme les postes des joueurs
1 : Avant centre - 2 : Ailier gauche - 3 : Ailier droit - 4 : Milieu central - 5 : Milieu gauche - 6 : Milieu droit - 7 : Arrière Gauche - 8 : Défenseur central - 9 : Arrière droit - 10 : Gardien

Ton score : ☐ /12

Composition n° 4

2 points :
Cette composition s'appelle le 3 5 2

1 point :
C'est une composition plutôt
Offensive ☑ Équilibrée ☐ Défensive ☐

7 points :
Nomme les postes des joueurs
1 : Avant centre - 2 : Milieu gauche - 3 : Milieu droite - 4 : Milieu central - 5 : Milieu défensif - 6 : Défenseur central - 7 : Gardien

Ton score : ☐ /10

Composition n° 5

1 points :

Cette composition s'appelle le **5 3 2**

1 point :

C'est une composition plutôt

- [ ] Offensive
- [ ] Équilibrée
- [x] Défensive

7 points :

Nomme les postes des joueurs

1 : Avant centre - 2 : Milieu central - 3 : Milieu gauche - 4 : Milieu droit - 5 : Arrière latéral - 6 : Défenseur central - 7 : Gardien

Ton score : ____ /9

Composition n° 6

1 points :

Cette composition s'appelle le **4 5 1**

1 point :

C'est une composition plutôt

- [ ] Offensive
- [x] Équilibrée
- [ ] Défensive

9 points :

Nomme les postes des joueurs

1 : Avant centre - 2 : Milieu gauche- 3 : Milieu offensif - 4 : Milieu droit - 5 : Milieu défensif - 6 : Arrière gauche - 7 : Arrière droit - 8 : Défenseur central - 9 : Gardien

Ton score : ____ /11

Score total : ____ /60

Mi-temps !
Blagues de foot

Quel est le comble pour un ballon de foot ?

Être crevé !

Que demande un footballeur chez le coiffeur ?

La coupe du monde !

Pourquoi dit-on que les joueurs de football sont honnêtes ?

Parce qu'ils tirent des coups francs

Ou va Lionel Messi lorsqu'il se blesse ?

Il va à la phormessi (la pharmacie)

Quel est le score préféré des Égyptiens ?

Le match Nil (match nul)

Dans quels matchs craint-on des prises de bec ?

Dans les matchs de poule

Jeu n° 2

Les labyrinthes

Neymar s'est encore blessé !
Aide-le vite à retrouver le chemin vers l'infirmerie.

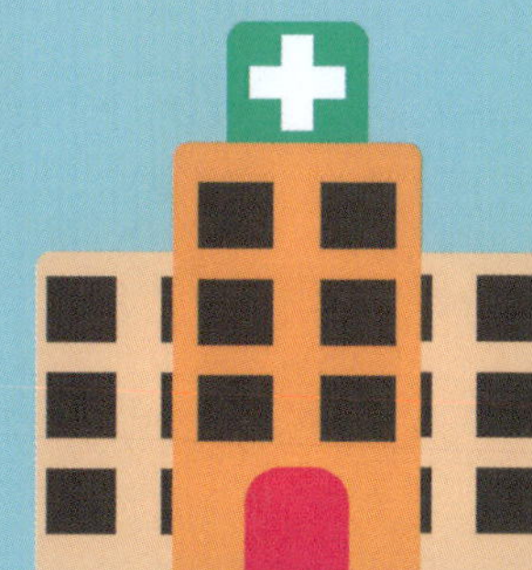

La Belgique n'arrive pas à gagner sa coupe du monde toute seule ...
Aide-la à retrouver le chemin vers cette dernière !

Ça fait un bout de temps que le Brésil n'arrive plus à marquer... Ils ont besoin de ton aide pour retrouver le chemin des filets !

C'est la fin du match mais l'arbitre a perdu son chronomètre ! Aide-le à le retrouver pour siffler la fin de la rencontre.

Aide les supporters à retrouver le chemin du stade !

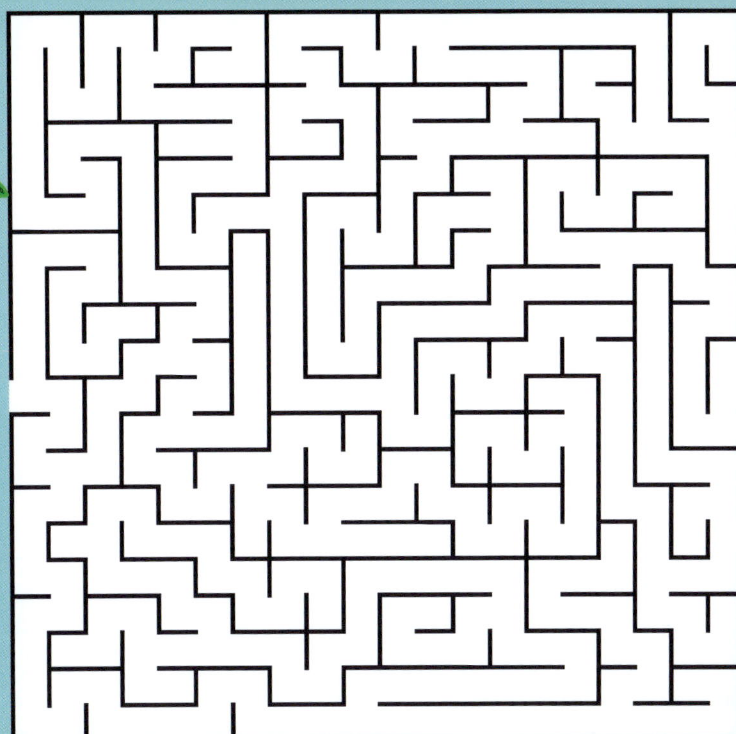

Aide le ballon à traverser le labyrinthe !

Aide cette supportrice à retrouver ses amis pour aller encourager son équipe !

Rejoins le coach !

Correction jeu n° 2
Les labyrinthes

Labyrinthe n° 1

Labyrinthe n° 2

Labyrinthe n° 3

Labyrinthe n° 4

Labyrinthe n° 5

Labyrinthe n° 6

Labyrinthe n° 7

Labyrinthe n° 8

BONUS
Les labyrinthes

ALLER ENCORE 2 LABYRINTHES UN PEU PLUS DIFFICILES CETTE FOIS-CI !

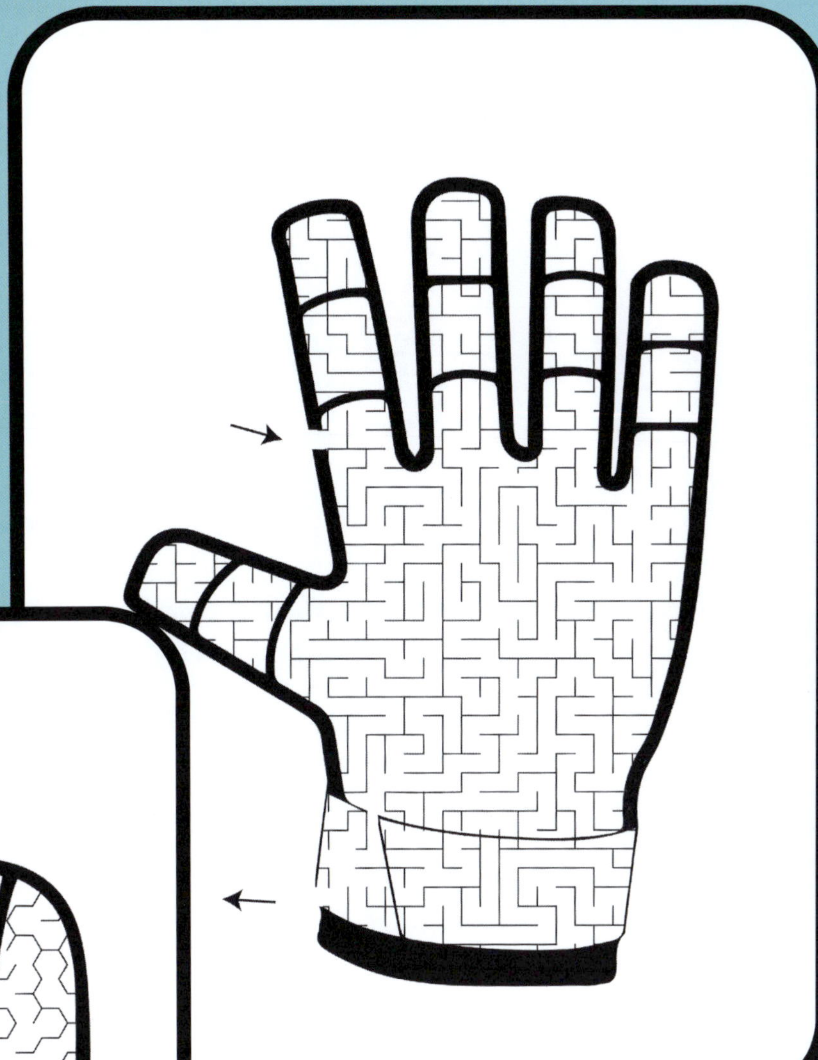

CORRECTION BONUS
Les labyrinthes

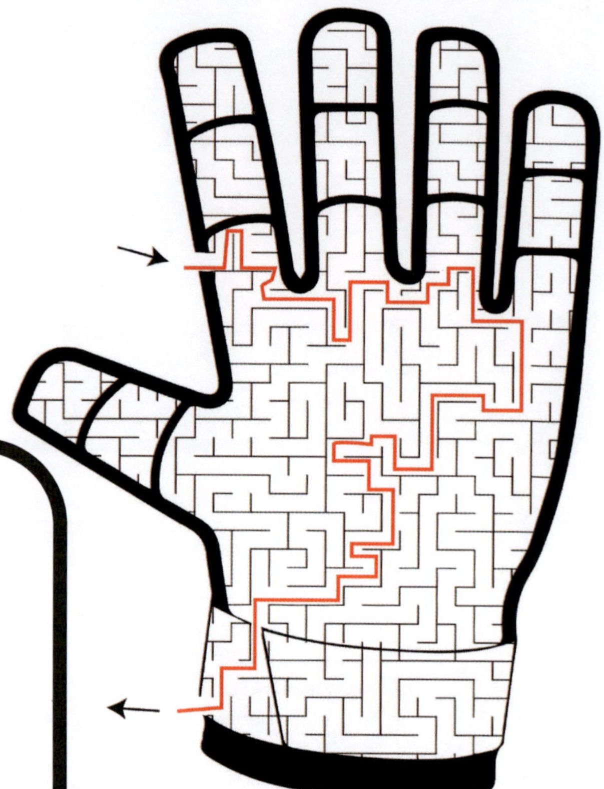

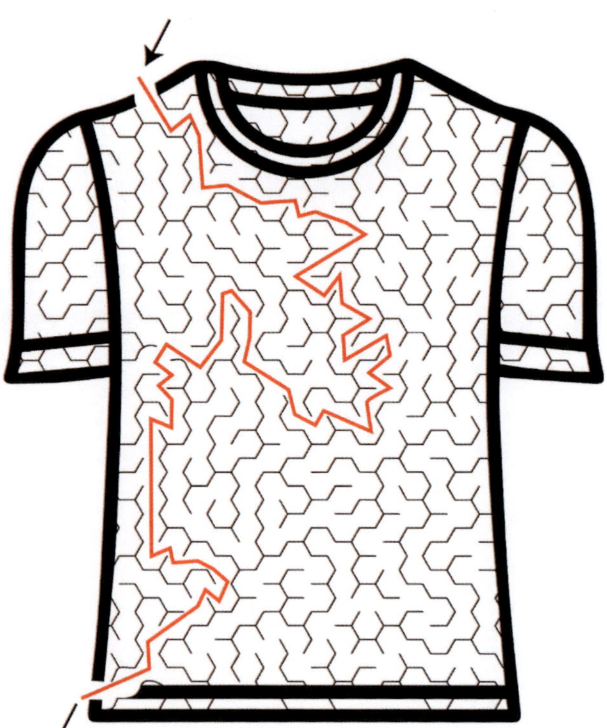

Mi-temps !
Pause culture foot

Le créateur de la coupe du monde est français !
Jules Rimet, ancien président de la Fifa, est l'initiateur de la Coupe du monde de football dont la première édition a lieu en 1930, et dont le premier trophée porte son nom.

Le trophée le plus cher
Le trophée de la Coupe du Monde de football de la FIFA a une valeur de plus de 100 000 euros. Une bonne affaire, compte tenu de la valeur qu'il a dans le monde du foot.

Le pays avec le plus de coupes du monde à son actif !
Le Brésil est le seul pays à avoir participé à toutes les éditions de la Coupe du Monde. Il a gagné 5 coupes du monde, ce qui en fait le pays le plus titré !

Pas de beau temps, pas de match !
En Écosse, en 1979, la rencontre entre Falkirk et Inverness Caledonian Thistle a dû être reportée 29 fois à cause du mauvais temps.

99 354 spectateurs
C'est la capacité d'accueil du plus grand stade de foot en Europe, le Camp Nou, qui est le stade officiel du FC Barcelone. En France, le stade le plus grand est le stade de France à Saint-Denis avec 81 338 places.

Le Roi Pelé : 3 fois champion !
Pelé est considéré comme le plus grand joueur de tous les temps, il est l'unique footballeur à avoir été champion du monde à trois reprises, en 1958, 1962 et 1970 avec l'équipe nationale du Brésil.

La naissance du carton rouge
En 1966, lors d'un Argentine-Angleterre, l'arbitre veut expulser un défenseur argentin. Il ne dispose pas d'outil spécifique pour le faire et lui indique de quitter le terrain avec ses mains. La confusion règne, le joueur refuse de sortir. Après cet épisode, il fut décidé d'utiliser un objet clair pour signifier qu'un joueur doit rentrer aux vestiaires : le carton rouge était né.

Jeu n° 3

Relie les points

La coupe du monde de football, qui a lieu tous les 4 ans, donne droit au champion de chaque édition d'ajouter une étoile sur son maillot. À ton avis, combien d'étoiles ont chacune de ces équipes ?

Relie les pays à leurs nombres d'étoiles gagnées :

Les équipes nationales ont chacune leurs petits surnoms.

À ton avis, quel est le surnom de chacune des équipes suivantes ?

À toi de jouer en reliant les points !

	•	• Les verts et or
	•	• La Mannschaft
	•	• Les bleus
	•	• Les trois lions
	•	• La Furia Roja
	•	• La squadra azzura
	•	• Les diables rouges

Les joueurs de l'équipe de France ont besoin de ton aide !

Après leur dernier match avec les bleus, ils ont tous oublié dans quelle équipe ils jouaient. Aide-les à retrouver l'équipe dans laquelle ils jouent lors de la saison 2021 - 2022 !

Karim Benzema	**Chelsea FC**
Olivier Giroud	**Bayern de Munich**
Hugo Lloris	**Real Madrid**
Kylian Mbappé	**Tottenham Hotspur FC**
Paul Pogba	**Manchester United**
Lucas Hernandez	**Milan AC**
Antoine Griezmann	**Paris-Saint-Germain**
NGolo Kanté	**Atlético de Madrid**

Tu connais les joueurs, les équipes... Tu es un champion !
Mais est-ce que tu connais les stades de foot de ces grandes villes ?

À toi de jouer !

Barcelone •	• Allianz Arena
Paris •	• Vélodrome
Marseille •	• San Siro
Milan •	• Parc des Princes
Munich •	• Wembley Stadium
Londres •	• Maracana
Madrid •	• Camp Nou
Rio de Janeiro •	• Santiago Barnabeu

Correction jeu n° 3
Relie les points

Les coupes du monde

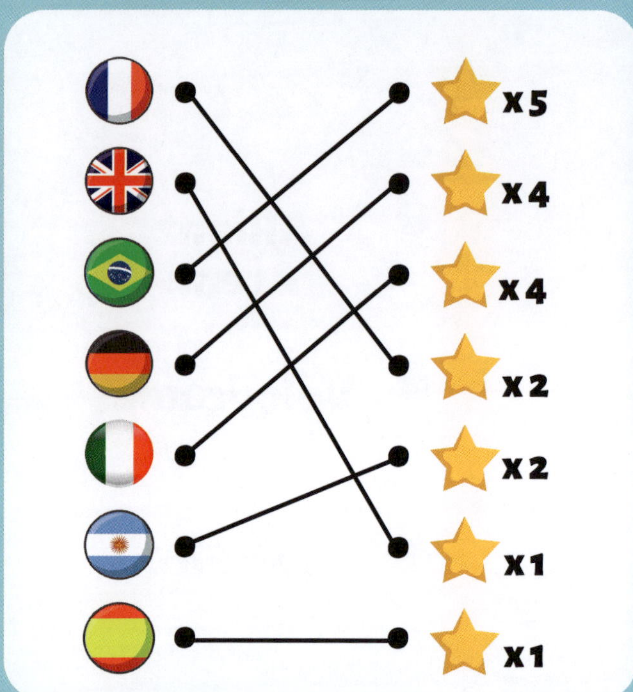

Les surnoms des équipes

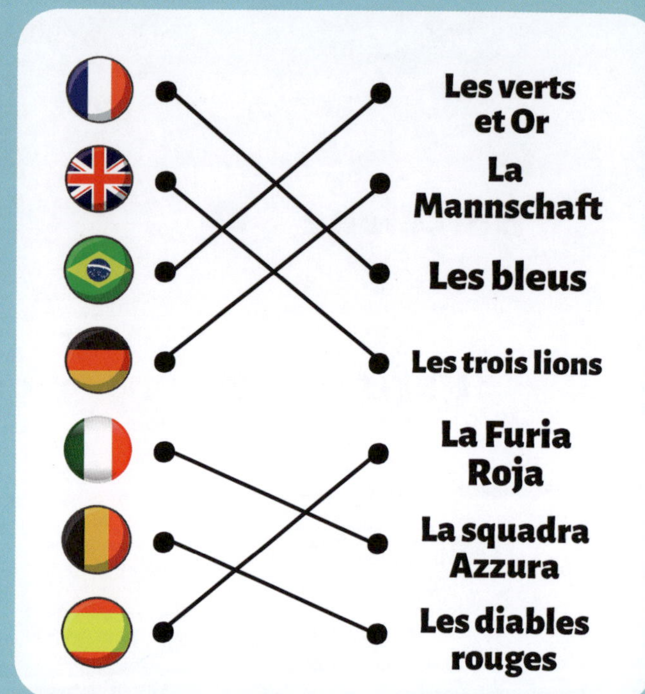

Les clubs des joueurs de l'équipe de France

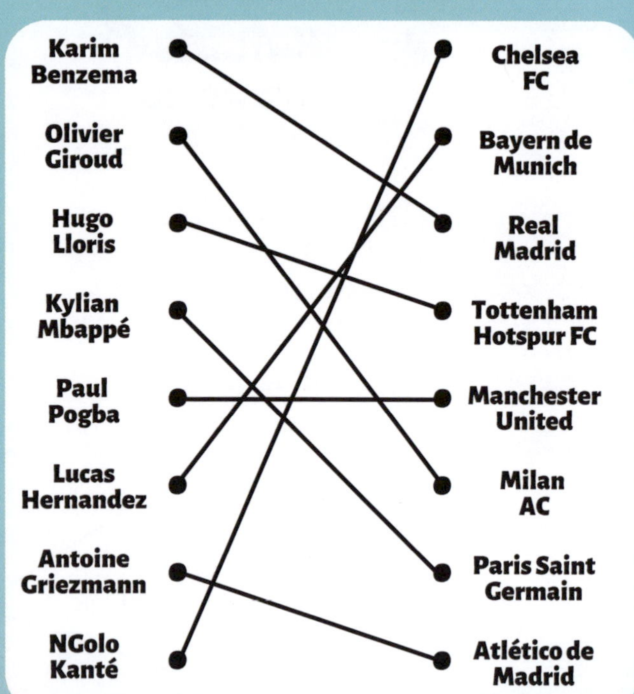

Les stades de foot des grandes villes

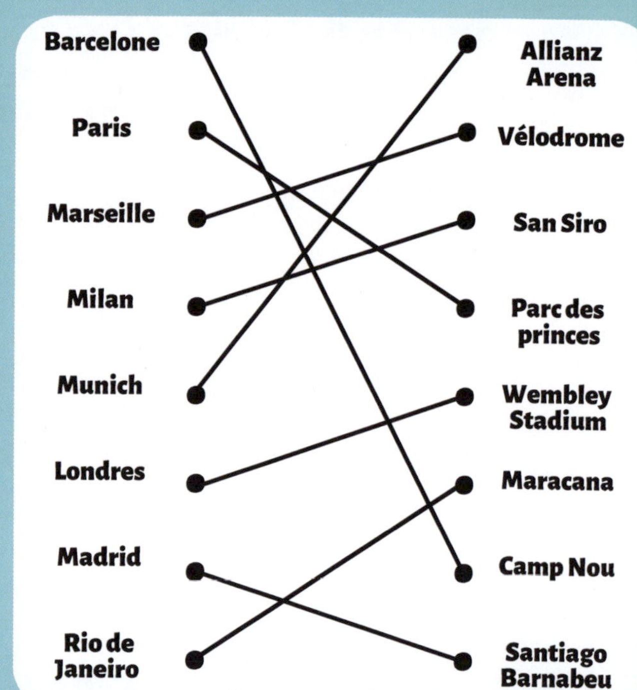

Mi - temps !
Pause culture foot

Le Ballon d'or

Le Ballon d'or est une récompense attribuée au meilleur joueur de football de l'année, elle est organisé par le magasine France Football mais cette récompense a une notoriété internationale. Actuellement, c'est Lionel Messi qui est le joueur le plus titré avec 7 Ballons d'or à son actif.

Le Vatican FC

Le Vatican possède sa propre équipe de football international. Elle ne peut malheureusement pas participer à la coupe du monde de football car elle n'est pas membre de la FIFA ni de l'UEFA.

L'ancêtre du football

Le calcio florentin est un sport collectif pratiqué dans la ville de Florence en Italie. Datant de la Renaissance, il est considéré comme l'ancêtre du football. Une compétition opposant quatre quartiers de la ville se déroule chaque année sur la piazza Santa Croce. Inspiré d'un jeu de balle ancien et de lutte romaine, le calcio florentin voit s'affronter deux équipes de 27 joueurs, qui cherchent à marquer le plus de buts à l'adversaire. La quasi-absence de règles fait qu'il est souvent considéré comme le jeu collectif le plus violent au monde.

Un beau geste

Le FC Barcelone est la seule équipe du monde à sponsoriser une organisation, en portant le logo UNICEF sur le maillot depuis 2006. À l'inverse de toutes les autres équipes de football, c'est le club catalan qui verse de l'argent (2 millions d'euros par an) à l'agence consacrée à l'amélioration et à la promotion de la condition des enfants.

Messi ou Ronaldo ?

À la date du 5 novembre 2021, Cristiano Ronaldo et Lionel Messi en sont respectivement à 798 buts et 755 buts. Leurs ratios respectifs sont de 0,73 et 0,80 but par match. En considérant le nombre de buts bruts, Ronaldo a de l'avance. Mais Messi a joué moins de matchs et a un meilleur ratio.

Un carton rouge en 7 secondes

Le record de l'expulsion la plus rapide sur un terrain de football professionnel est toujours détenue par Ze Roberto, un footballeur brésilien qui avait reçu un carton rouge après seulement 7 secondes de jeu : un vilain coup de coude au défenseur un peu trop collant !

Jeu n° 4

Mots croisés

Mots croisés n° 1 : les joueurs de foot

H	L	I	F	N	E	Y	M	A	R	W	G	A	D
N	U	S	C	X	S	Q	S	M	F	G	B	R	V
E	B	R	A	B	I	O	T	A	M	I	S	Y	Y
Y	P	I	S	U	A	R	E	Z	B	B	A	H	M
Z	T	N	Q	S	G	B	J	B	A	R	L	A	G
I	P	Q	V	W	I	P	R	E	P	A	A	A	R
D	O	X	B	M	G	Q	O	N	P	H	H	L	I
A	G	E	U	E	R	E	N	Z	E	I	H	A	E
N	B	K	L	S	P	N	A	E	P	M	J	N	Z
E	A	G	W	S	M	O	L	M	A	O	P	G	M
O	O	A	N	I	J	J	D	A	Y	V	M	N	A
G	V	G	M	U	L	I	O	I	E	I	G	S	N
V	W	G	K	A	N	T	E	A	T	C	Y	Z	N
N	F	F	R	A	M	O	S	G	A	I	C	P	W

Marque tes réponses ici

Mots croisés n° 2 : les équipes de Ligue 1

Marque tes réponses ici

E	S	T	A	C	T	R	O	Y	E	S	W	U	Z	P
N	H	B	L	U	N	L	Y	B	C	R	J	R	T	G
M	O	O	G	C	N	I	C	E	F	J	O	B	G	B
M	O	N	T	P	E	L	L	I	E	R	H	S	C	S
O	L	Y	O	N	N	A	I	S	G	B	I	Q	V	T
L	O	N	P	O	P	S	G	J	V	Y	O	J	L	A
L	D	F	C	L	O	R	I	E	N	T	K	T	H	D
O	A	S	S	A	I	N	T	E	T	I	E	N	N	E
S	R	S	T	A	D	E	D	E	R	E	I	M	S	R
C	C	M	F	R	S	O	J	V	M	D	A	X	F	E
M	L	K	K	A	S	M	O	N	A	C	O	K	V	N
E	E	L	A	N	G	E	R	S	S	C	O	Y	X	N
M	N	O	M	A	R	S	E	I	L	L	A	I	S	A
Y	S	I	G	C	F	C	N	A	N	T	E	S	A	I
S	S	T	A	D	E	B	R	E	S	T	O	I	S	S

Mots croisés n° 3 : les équipes de Ligue des champions

Y	N	R	A	T	B	M	Z	M	R	R	B	U	Q	Q
L	D	N	J	O	E	A	S	A	B	E	E	J	O	F
J	Z	L	A	O	N	N	S	N	A	A	S	U	Q	C
W	U	I	X	T	F	C	L	C	Y	L	I	V	C	B
O	G	V	A	Y	I	H	A	H	E	M	K	E	E	A
W	A	E	M	S	C	E	Z	E	R	A	T	N	L	R
G	L	R	S	E	A	S	I	S	N	D	A	T	T	C
A	A	P	T	V	L	T	O	T	M	R	S	U	I	E
C	T	O	E	I	I	E	E	E	U	I	C	S	C	L
M	A	O	R	L	S	R	Z	R	N	D	H	T	S	O
I	S	L	D	L	B	U	D	C	I	V	K	U	G	N
L	A	F	A	E	O	N	T	I	C	E	F	R	N	E
A	R	C	M	F	A	I	G	T	H	L	E	I	T	O
N	A	P	T	C	D	T	I	Y	Q	M	R	N	A	D
W	Y	V	I	L	L	A	R	E	A	L	I	S	I	D

Marque tes réponses ici

Mots croisés n° 4 : les joueurs de Ligue des champions

Marque tes réponses ici

G	V	A	N	G	E	L	D	I	M	A	R	I	A	S
R	P	R	V	L	J	L	B	E	N	Z	E	M	A	T
I	P	E	L	E	Q	I	X	O	L	K	X	O	S	T
E	M	L	I	O	N	E	L	M	E	S	S	I	W	H
Z	V	S	U	F	D	A	A	M	U	I	E	H	B	I
M	Z	I	N	E	D	I	N	E	Z	I	D	A	N	E
A	Q	G	M	C	R	7	Q	J	M	L	M	J	W	R
N	J	L	E	W	A	N	D	O	W	S	K	I	O	R
N	N	E	Y	M	A	R	L	I	N	J	L	S	C	Y
S	N	C	A	R	O	N	A	L	D	I	N	H	O	H
D	I	E	G	O	M	A	R	A	D	O	N	A	F	E
S	C	M	O	H	A	M	E	D	S	A	L	A	H	N
Q	K	E	V	I	N	D	E	B	R	U	Y	N	E	R
K	T	H	O	M	A	S	M	U	L	L	E	R	T	Y
S	V	I	N	I	C	I	U	S	J	U	N	I	O	R

Mots croisés n° 5 : le vocabulaire du foot

R	H	V	T	R	I	B	U	N	E	S	I	B	G
X	O	D	K	L	G	S	A	Q	T	P	J	U	K
C	R	E	E	P	L	U	T	N	A	R	Z	M	O
F	S	F	N	Y	Y	P	T	T	A	U	C	C	C
H	J	E	T	T	P	P	A	U	R	F	N	A	O
R	E	N	R	O	U	O	Q	I	B	A	O	G	R
J	U	S	A	U	V	R	U	P	I	I	H	E	N
G	T	E	I	C	B	T	A	E	T	L	Z	S	E
A	E	U	N	H	U	E	N	N	R	I	O	A	R
R	R	R	E	E	T	R	T	A	E	E	S	X	H
D	R	M	U	S	T	J	J	L	Q	R	Z	Z	K
I	A	V	R	N	B	H	P	T	S	D	F	W	T
E	I	S	T	A	D	E	X	Y	C	W	N	J	K
N	N	C	Y	Y	P	A	L	V	R	X	U	K	W

Marque tes réponses ici

Mots croisés n° 6 : les stades de foot

Marque tes réponses ici

A	W	A	Q	C	K	P	D	F	N	U	C	L	Y	S
L	V	L	D	E	B	A	Y	G	Q	E	A	A	R	A
L	E	L	S	L	O	R	T	E	X	O	M	B	G	N
I	L	I	T	T	L	C	P	M	C	L	P	E	Y	S
A	O	A	A	I	L	D	G	I	L	D	N	A	J	I
N	D	N	D	C	A	E	E	R	P	T	O	U	Y	R
Z	R	Z	E	P	E	S	R	A	M	R	U	J	C	O
A	O	R	D	A	R	P	L	T	A	A	E	O	N	T
R	M	I	E	R	T	R	A	E	R	F	O	I	W	M
E	E	V	F	K	N	I	N	S	A	F	M	R	E	N
N	K	I	R	D	I	N	D	V	C	O	A	E	M	O
A	X	E	A	S	Q	C	Z	X	A	R	A	O	B	S
I	O	R	N	N	Y	E	P	B	N	D	H	X	L	X
B	A	A	C	W	K	S	U	C	A	E	M	L	E	P
W	Y	J	E	B	E	R	N	A	B	E	U	I	Y	H

Correction jeu n° 4
Mots croisés

Mots croisés n° 1

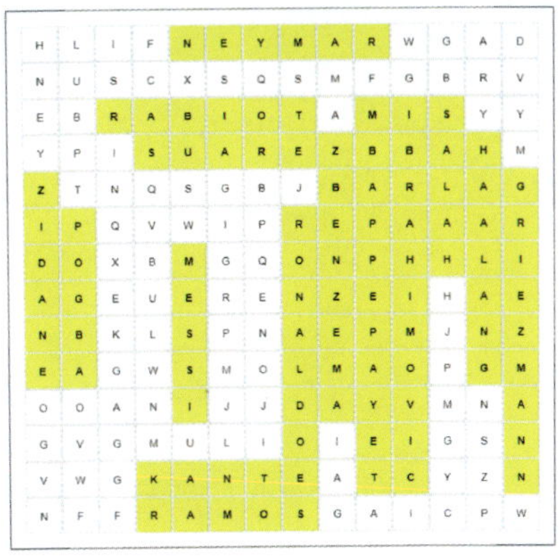

~~BENZEMA~~ ~~GRIEZMANN~~
~~HAALANG~~ ~~IBRAHIMOVIC~~
~~KANTE~~ ~~MBAPPE~~
~~MESSI~~ ~~NEYMAR~~
~~PAYET~~ ~~POGBA~~
~~RABIOT~~ ~~RAMOS~~
~~RONALDO~~ ~~SALAH~~
~~SUAREZ~~ ~~ZIDANE~~

Mots croisés n° 2

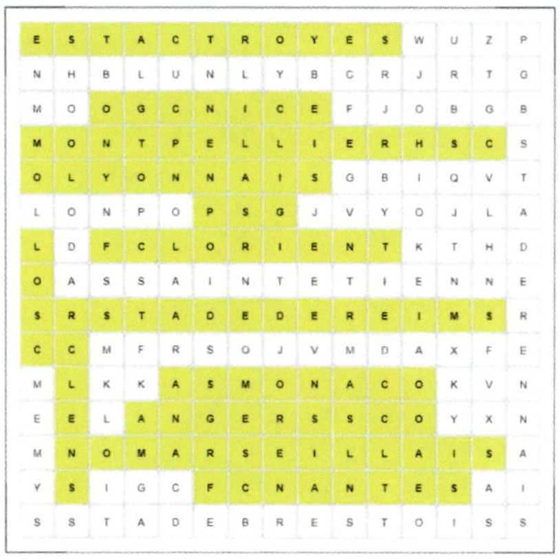

~~ANGERSSCO~~ ~~ASMONACO~~
ASSAINTETIENNE ~~ESTACTROYES~~
~~FCLORIENT~~ ~~FCNANTES~~
~~LOSC~~ ~~MONTPELLIERHSC~~
~~OGCNICE~~ ~~OLYONNAIS~~
~~OMARSEILLAIS~~ ~~PSG~~
~~RCLENS~~ STADEBRESTOIS
~~STADEDEREIMS~~ STADERENNAIS

Mots croisés n° 3

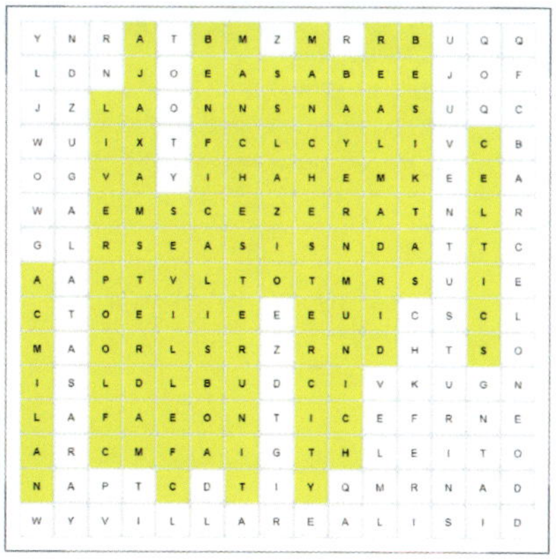

~~ACMILAN~~ ~~AJAXAMSTERDAM~~
~~BAYERNMUNICH~~ ~~BENFICALISBOA~~
~~BESIKTAS~~ ~~CELTICS~~
FCBARCELONE GALATASARAY
JUVENTUSTURINS ~~LIVERPOOLFC~~
~~MANCHESTERCITY~~ ~~MANCHESTERUNIT~~
~~REALMADRID~~ ~~SEVILLEFC~~
~~SSLAZIO~~ VILLAREAL

Mots croisés n° 4

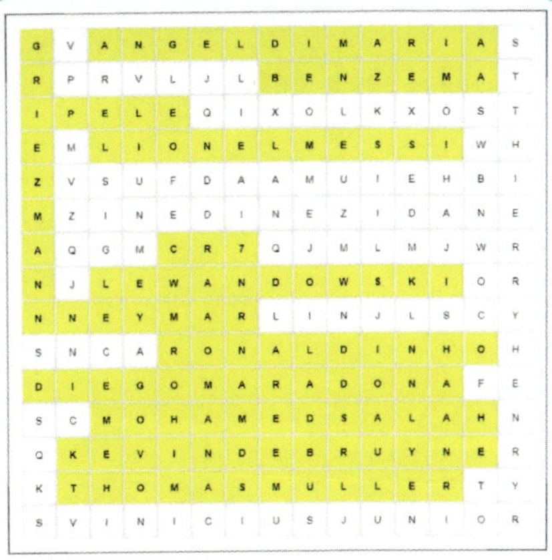

ANGELDIMARIA BENZEMA
CR7 DIEGOMARADONA
GRIEZMANN KEVINDEBRUYNE
LEWANDOWSKI LIONELMESSI
MOHAMEDSALAH NEYMAR
PELE RONALDINHO
THIERRYHENRY THOMASMULLER
VINICIUSJUNIOR ZINEDINEZIDANE

Mots croisés n° 5

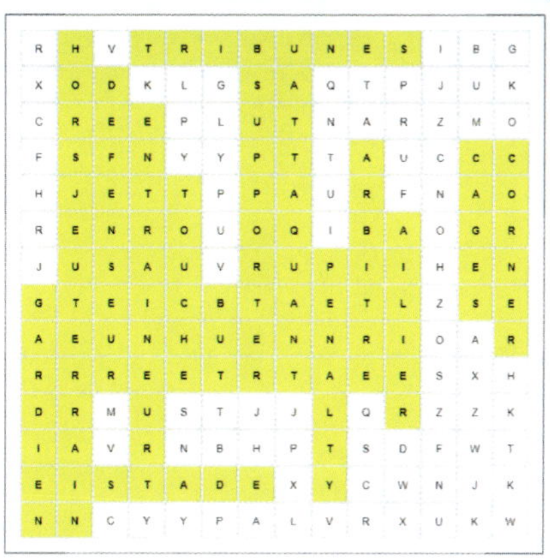

AILIER ARBITRE
ATTAQUANT BUT
CAGES CORNER
DEFENSEUR ENTRAINEUR
GARDIEN HORSJEU
PENALTY STADE
SUPPORTER TERRAIN
TOUCHE TRIBUNES

Mots croisés n° 6

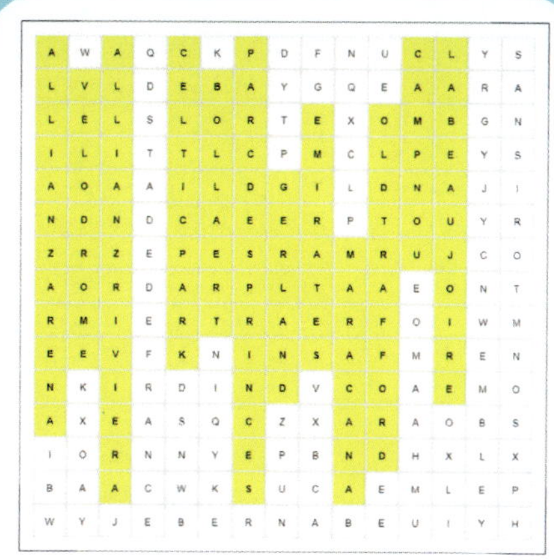

ALLIANZARENA ALLIANZRIVIERA
BERNABEU BOLLAERT
CAMPNOU CELTICPARK
EMIRATES GERLAND
LABEAUJOIRE MARACANA
OLDTRAFFORD PARCDESPRINCES
SANSIRO STADEDEFRANCE
VELODROME WEMBLEY

Mi-temps !
Pause culture foot

La carrière internationale la plus courte

Franck Jurietti détient un record : celui de la plus courte carrière internationale. Elle a duré 5 secondes lors d'un France-Chypre en 2005.

Le supporter le plus fidèle

Norman Windram a affirmé, en 2002, être allé à chaque match de Manchester United à Old Trafford depuis 1926. Il est allé voir son premier match à l'âge de quatre ans. Par la suite, il a assisté à plus de 1800 matches d'affilée à domicile, faisant de lui l'un des plus fidèles supporters que le club a jamais eu.

Le premier match diffusé à la TV

La première diffusion en direct d'une rencontre des Tricolores a eu lieu le 5 octobre 1952 face à l'Allemagne (victoire 3-1). La même année, la finale de la Coupe de France, opposant l'OGC Nice à Bordeaux, avait été le tout premier match diffusé en direct à la télé française. Évidemment, le tout en noir et blanc.

Le quintuplé le plus rapide

Le quintuplé le plus rapide de l'histoire est signé Robert Lewandowski. Le 22 septembre 2015, l'attaquant polonais, jouant au Bayern de Munich, n'a eu besoin que de 9 minutes pour faire trembler cinq fois les filets face au VfL Wolfsburg;

Le but le plus long

Tom King, évoluant dans le club anglais de Newport County, a officiellement battu le record du but marqué depuis la plus grande distance dans un match de football officiel, « en parcourant la distance incroyable de 96 m 01 », a déclaré le Guinness World Records.

Invincible gardien !

Le record d'invincibilité revient au gardien de Manchester United, Edwin Van Der Sar, qui protégea sa cage pendant 1331 minutes sans encaisser de but lors de la saison 2008 - 2009.

Le club le plus titré au monde

En 2022, le club du Real Madrid compte à son palmarès 36 titres de champion d'Espagne, 14 victoires en Ligue des champions et 4 sacres en Coupe du monde des clubs, trois records en la matière.

Olive et Tom

L'un des plus vieux footballeur du monde est japonais. Il vient de signer une nouvelle saison avec son club Yokohama FC. Il s'appelle Kazuyoshi Miura, 51 ans, et il est à l'origine connu pour avoir inspiré le célèbre personnage de manga de la série "Olive et Tom" : Olivier Atton.

Jeu n° 5

Quiz

L'équipe de France

1. Quel fut le premier match international disputé par l'équipe de France en 1904 ?

a) La Belgique
b) Le Brésil
c) L'Espagne
d) L'Argentine

2. Quelle est la plus large victoire au score remportée par l'équipe de France ?

a) 6-0
b) 8-0
c) 9-0
d) 10-0

3. Contre quel pays la France a t-elle remporté sa plus large victoire ?

a) L'Islande
b) La Macédoine du nord
c) L'Azerbaïdjan
d) Le Niger

4. Qui est le premier buteur de l'histoire de l'équipe de France ?

a) Frédéric Blanc
b) Michel Platini
c) Lucien Laurent
d) Alberto Pagneli

5. La plus longue série de victoires consécutives de l'équipe de France est de ?

a) 11 victoires
b) 12 victoires
c) 13 victoires
d) 14 victoires

6. Quel est le score de la plus large défaite de l'équipe de France contre une équipe internationale ?

a) La Belgique
b) Le Brésil
c) L'Espagne
d) L'Argentine

7. Cette lourde défaite a été infligée par ?

a) La Belgique
b) Le Brésil
c) L'Espagne
d) L'Argentine

8. La plus longue série de défaites consécutives de l'équipe de France est de ?

a) 12 matchs
b) 18 matchs
c) 30 matchs
d) 52 matchs

9. La plus longue série de matchs sans défaite de l'équipe de France est de ?

a) 12 matchs
b) 18 matchs
c) 30 matchs
d) 52 matchs

10. Le record d'invincibilité de l'équipe de France, le nombre de matchs sans encaisser de buts est de ?

a) 8 matchs
b) 11 matchs
c) 15 matchs
d) 18 matchs

Réponses

1 - a) / 2 - d) / 3 - c) / 4 - c) / 5 - b) / 6 - a) / 7 - d) / 8 - c) / 9 - b) / 10 - b)

La Ligue 1

1. À quelle année remonte la création de la ligue professionnelle de football en France ?

a) 1904
b) 1918
c) 1932
d) 1945

2. Quel est le plus grand nombre de spectateurs sur une saison (record réalisé en 2019-2018) ?

a) 6,75 millions
b) 8,65 millions
c) 10,8 millions
d) 14,5 millions

3. Quelle est la meilleure affluence sur un match entre deux clubs de Ligue 1 de toute l'histoire ?

a) 58 000 spectateurs
b) 68 000 spectateurs
c) 78 000 spectateurs
d) 88 000 spectateurs

4. Ce match disputé en 2009 opposait les deux équipes suivantes ?

a) OGC Nice - FC Nantes
b) OL - PSG
c) LOSC - OL
d) PSG - OM

5. Ce Match se disputait dans le stade suivant ?

a) Le Stade de France
b) Le Parc des Princes
c) Le stade Vélodrome
d) Le stade Gerland

6. Jusqu'en 2021, quelle était l'équipe à détenir le record de titres de champion de la Ligue 1 (avec 10 titres gagnés) ?

a) L'Olympique de Marseille
b) Le PSG
c) L'AS Saint-Étienne
d) L'AS Monaco

7. Quel est le record de buts marqués sur une journée en Ligue 1 (record datant de la saison 1949-1950) ?

a) 42
b) 47
c) 52
d) 55

8. La plus longue série de défaites consécutives de l'équipe de France est de ?

a) 12 matchs
b) 18 matchs
c) 30 matchs
d) 52 matchs

9. Quelle équipe a fêté le premier titre de son histoire en 2012 ?

a) Le PSG
b) L'AJ Auxerre
c) Le RC Lens
d) Le Montpellier HSC

10. Laquelle de ces équipes n'a jamais remporté de titre de Ligue 1 ?

a) Le RC Strasbourg
b) Le FC Nantes
c) Le CO-Roubaix-Tourcoing
d) Le Grenoble Foot 38

Réponses

1-c) / 2-b) / 3-c) / 4-c) / 5-a) / 6-c) / 7-d) / 8-d) / 9-d) / 10-c)

La coupe du monde

1. Ou a été organisée la première coupe du monde internationale de football ?

a) En France
b) Au Brésil
c) Au Japon
d) En Uruguay

2. En quelle année a-t-elle été organisée ?

a) 1908
b) 1914
c) 1918
d) 1930

3. Quelle équipe a inscrit le tout premier but de la coupe du monde ?

a) La France
b) L'Allemagne
c) Le Brésil
d) Le Mexique

4. Qui a remporté la toute première coupe du monde ?

a) La France
b) Le Brésil
c) L'Argentine
d) L'Uruguay

5. Qui a organisé la seconde coupe du monde ?

a) L'Italie
b) La France
c) L'Allemagne
d) L'URSS

6. En 2022, qui détient le plus de coupes du monde remportées ?

a) L'Allemagne
b) L'Uruguay
c) Le Brésil
d) L'Italie

7. Combien de coupes du monde cette équipe a-t-elle remportée?

a) 3
b) 4
c) 5
d) 6

8. Lequel de ces pays n'a jamais remporté la coupe du monde ?

a) La Belgique
b) Le Brésil
c) L'Argentine
d) L'Uruguay

9. Quel est le pays ayant le plus grand nombre de participations aux coupes du monde ?

a) La France
b) Le Brésil
c) L'Argentine
d) L'Uruguay

10. Quel pays détient le record de finales perdues ? (4 finales)

a) L'Allemagne
b) L'Uruguay
c) Le Brésil
d) L'Italie

Réponses

1-d) / 2-d) / 3-a) / 4-d) / 5-a) / 6-c) / 7-c) / 8-c) / 9-a) / 10-a)

Kylian Mbappé

1. En quelle année est né Kylian Mbappé ?

a) 1988
b) 1995
c) 1998
d) 2001

2. Quel est le premier club de Ligue 1 dans lequel a évolué Kylian Mbappé ?

a) Le PSG
b) L'AS Saint Etienne
c) L'AS Monaco
d) L'OGCNice

3. Quelle équipe a inscrit le tout premier but de la coupe du monde ?

a) La France
b) L'Allemagne
c) Le Brésil
d) Le Mexique

4. Quel âge avait-il lors de son premier match de Ligue 1 ?

a) 15 ans
b) 17 ans
c) 18 ans
d) 20 ans

5. Le père de Kylian Mbappé est entraîneur du club de ?

a) Paris
b) Bondy
c) Clichy
d) Créteil

6. Contre quelle équipe inscrit-il son premier triplé en Ligue 1 ?

a) Le FC Dijon
b) Le FC Metz
c) L'OM
d) L'OL

7. En quelle année Kylian Mbappé rejoint-il le PSG ?

a) 2017
b) 2018
c) 2019
d) 2020

8. Kylian Mbappé joue en équipe de France pour la première fois le ?

a) 31 février 2018 contre la Russie
b) 27 mars 2018 contre la Russie
c) 12 août 2014 contre les Philippines
d) 5 mai 2017 contre la Corse

9. Contre quelle nation inscrit-il pour la première fois un quadruplé avec l'équipe de France ?

a) L'Espagne
b) Le Kazakhstan
c) La Norvège
d) La Bulgarie

10. Quel est le nom complet de Kylian Mbappé ?

a) Kylian Mbappé Lupin
b) Kylian Mbappé Lottin
c) Kylian Mbappé Latin
d) Kylian Mbappé Lapin

Réponses

1 - c) / 2 - c) / 3 - b) / 4 - b) / 5 - b) / 6 - a) / 7 - b) / 8 - b) / 9 - b) / 10 - b)

Les records insolites du foot

1. Quelle est la distance du but le plus lointain jamais marqué en compétition ?

a) 69,5 mètres
b) 81,5 mètres
c) 91,9 mètres
d) 101,3 mètres

2. Quel est le but le plus rapidement inscrit après le début d'un match ?

a) 1,3 secondes
b) 2,4 secondes
c) 3,8 secondes
d) 8,4 secondes

3. En combien de temps a été inscrit le triplé le plus rapide de l'histoire ?

a) 1 minute
b) 2 minutes
c) 3 minutes
d) 4 minutes

4. En combien de temps a été inscrit le quintuplé le plus rapide ?

a) 4 minutes
b) 6 minutes
c) 9 minutes
d) 12 minutes

5. Qui a inscrit ce quintuplé ?

a) Lionel Messi
b) Cristiano Ronaldo
c) Le Roi Pelé
d) Robert Lewandowski

6. Quel est le record du nombre de but inscrit sur une année ?

a) 84
b) 91
c) 99
d) 104

7. Quel joueur détient ce record ?

a) Lionel Messi
b) Cristiano Ronaldo
c) Le Roi Pelé
d) Robert Lewandowski

8. Lequel de ces joueurs n'a jamais gagné le ballon d'Or ?

a) Lionel Messi
b) Cristiano Ronaldo
c) Andreï Chevtchenko
d) Zlatan Ibrahimovic

9. Qui sont les deux seuls joueurs à avoir marqué un but à chaque minute d'un match de football ?

a) Lionel Messi
b) Cristiano Ronaldo
c) Zlatan Ibrahimovic
d) Robert Lewandowski

10. Quel est le score le plus important jamais inscrit ?

a) 28 - 0
b) 54 - 0
c) 85 - 0
d) 149 - 0

Réponses

1-c) / 2-b) / 3-b) / 4-c) / 5-d) / 6-b) / 7-a) / 8-d) / 9-b) & c) / 10-d)

La Ligue des champions

1. Combiens de titres détient le club ayant gagné le plus de fois la Ligue des champions ?

a) 11 titres
b)12 titres
c) 13 titres
d) 14 titres

2. Le club ayant gagné le plus de fois la Ligue des champions est ?

a) Le Bayern de Munich
b) Le FB Barcelone
c) Le Real Madrid
d) Le Milan AC

3. À combien de finales a participé le club du Real de Madrid dans l'histoire de la Ligue des champions ?

a) 10 fois
b) 13 fois
c) 17 fois
d) 18 fois

4. Quel club a inscrit le plus grand nombre de buts en Ligue des champions ?

a) Le Bayern de Munich
b) Le FB Barcelone
c) Le Real Madrid
d) Le Milan AC

5. Parmi les clubs suivants, lequel a participé le moins de fois à la Ligue des champions ?

a) Borussia Dortmund
b) Galatasaray SK
c) FC Barcelone
d) Rangers Glasgow

6. Contre qui l'Olympique de Marseille a remporté le match en finale de la Ligue des champions en 1991 ?

a) L'AS Rome
b) Le Milan AC
c) Le Bayern de Munich
d) Le PSV Eindhoven

7. Quel club a remporté la Ligue des champions en 1990 ?

a) L'AS Rome
b) Le Milan AC
c) Le Bayern de Munich
d) Le PSV Eindhoven

8. Avec combien de victoires le Bayern de Munich a remporté la Ligue des champions en 2019-2020 ?

a) 7 victoires
b) 8 victoires
c) 10 victoires
d) 11 victoires

9. Laquelle de ces équipes françaises n'a jamais participé à la Ligue des champions ?

a) Le RC Lens
b) L'AJ Auxerre
c) Le RedStar
d) Le Stade Rennais

10. Quel est le club français ayant le plus grand nombre de participations à la Ligue des champions ? (avant 2022)

a) Le PSG
b) L'Olympique Lyonnais
d) L'Olympique de Marseille
d) L'AS Monaco

Réponses

1 - d) / 2 - c) / 3 - c) / 4 - c) / 5 - a) / 6 - b) / 7 - b) / 8 - d) / 9 - c) / 10 - b)

Jeu n° 6

Les supporters

De quels pays sont originaires ces supporters ? Retrouve le pays qu'ils supportent à l'aide de leurs accessoires.

10
11
12
13
14
15
16
17

18
19
20
21
22
23
24
25

26
27
28
29
30
31
32

Correction Jeu n° 6
Quiz

Correction

1 - Belgique
2 - Espagne
3 - Portugal
4 - Danemark
5 - France
6 - Croatie
7 - Islande
8 - Allemagne
9 - Angleterre
10 - Pologne
11 - Russie
12 - Pérou
13 - Argentine
14 - Costa Rica
15 - Brésil
16 - Suisse

17 - Uruguay
18 - Colombie
19 - Mexique
20 - Égypte
21 - Sénégal
22 - Tunisie
23 - Maroc
24 - Iran
25 - Nigeria
26 - Chine
27 - Inde
28 - Italie
29 - Australie
30 - Irlande
31 - Corée du Sud
32 - Japon

Prolongations
Page de dessins

Il est temps pour toi de montrer tes talents de dessinateur ! Recopie les dessins à l'aide du quadrillage.

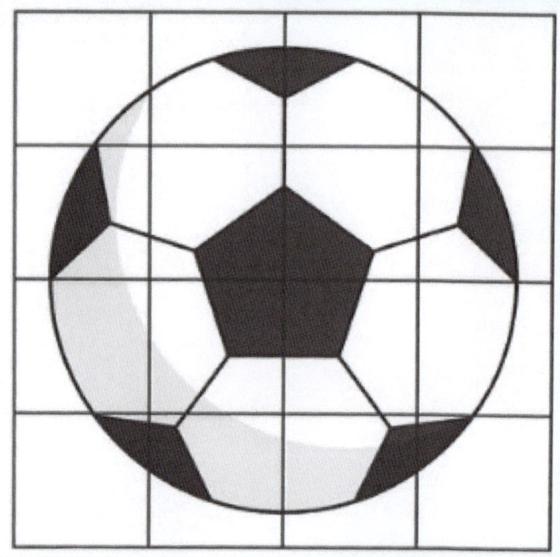

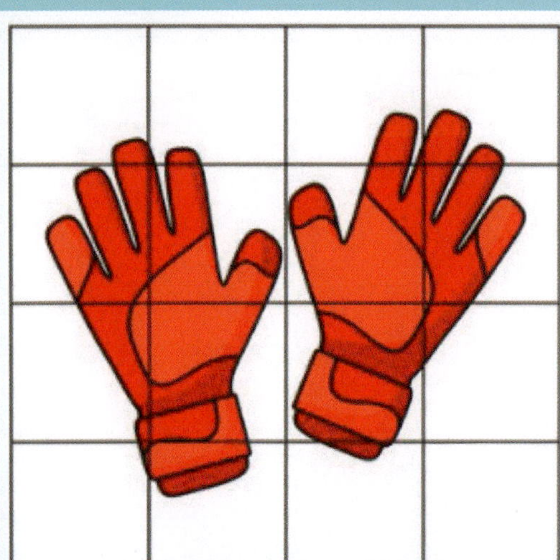

Prolongations

Un bonus offert

Recevez gratuitement 4 pages supplémentaires en demandant votre bonus par mail à l'adresse bonus.book.amazon@gmail.com

Vous aimez ce livre ?! N'hésitez pas à nous laisser un commentaire pour nous aider à le faire connaitre.

Votre avis compte pour nous ☆☆☆☆☆ **Laissez nous des commentaires**

Cette édition est publiée de manière indépendante et nous espérons que vous avez appris plein de choses en lisant notre livre, n'hésitez pas à nous donner votre avis !

Retrouvez d'autres livres best-seller de notre édition sur Amazon en scannant les QRcodes ci dessous :

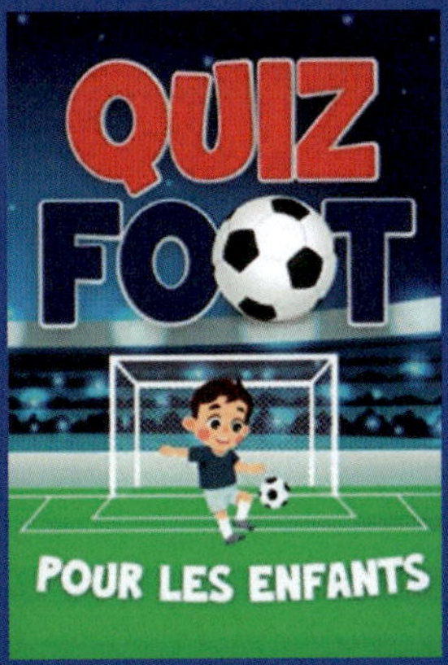

Printed by Amazon Italia Logistica S.r.l.
Torrazza Piemonte (TO), Italy

45197447R00025